BEI GRIN MACHT SICH IHR WISSEN BEZAHLT

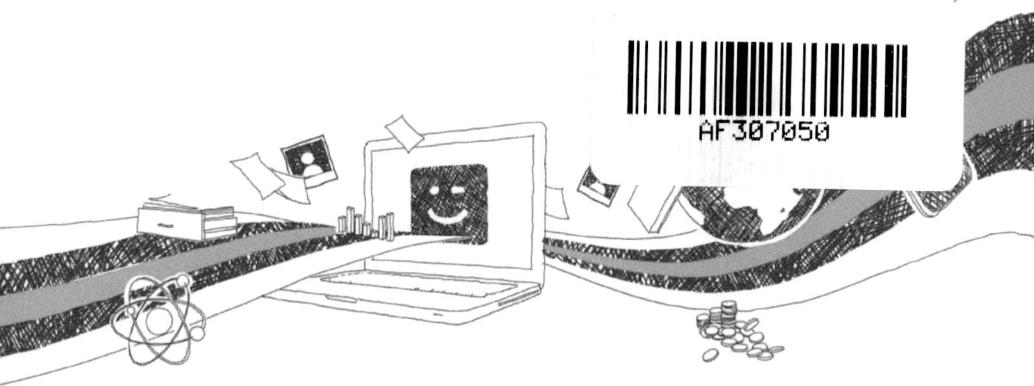

- Wir veröffentlichen Ihre Hausarbeit, Bachelor- und Masterarbeit

- Ihr eigenes eBook und Buch - weltweit in allen wichtigen Shops

- Verdienen Sie an jedem Verkauf

Jetzt bei www.GRIN.com hochladen und kostenlos publizieren

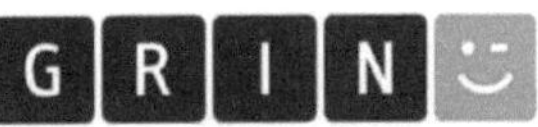

Ernst Probst

Jeanne Moreau - Die "Inkarnation französischer Weiblichkeit"

GRIN Verlag

Bibliografische Information der Deutschen Nationalbibliothek:

Die Deutsche Bibliothek verzeichnet diese Publikation in der Deutschen National-
bibliografie; detaillierte bibliografische Daten sind im Internet über http://dnb.d-
nb.de/ abrufbar.

Impressum:

Copyright © 2012 GRIN Verlag, Open Publishing GmbH
Druck und Bindung: Books on Demand GmbH, Norderstedt Germany
ISBN: 978-3-656-23320-6

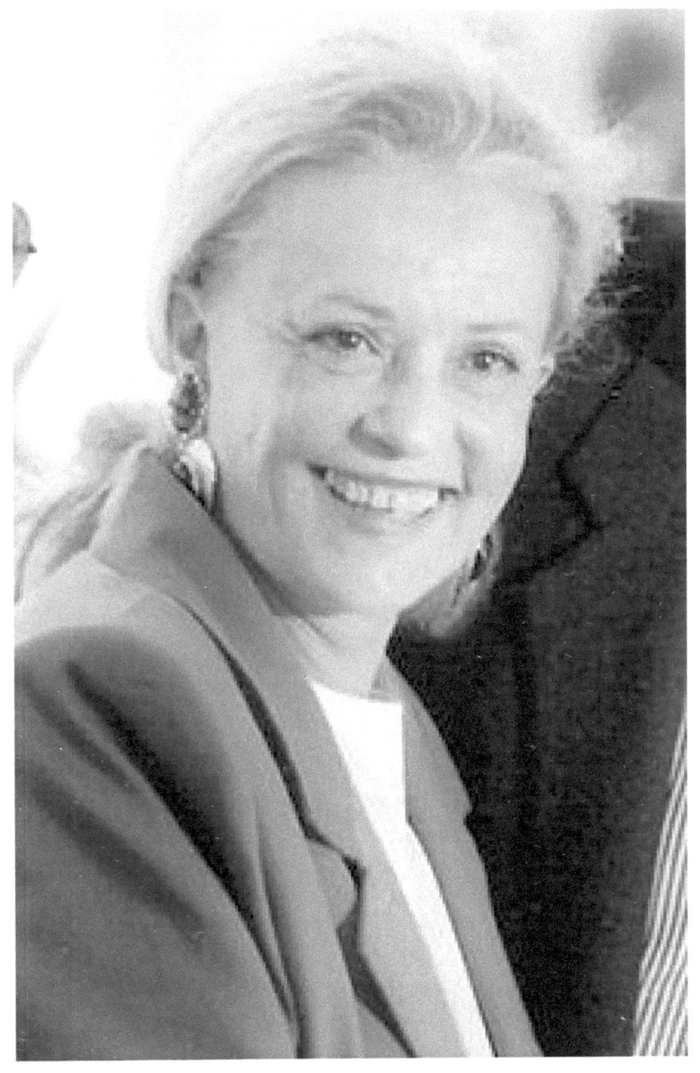

Jeanne Moreau bei den „Internationalen Filmfestspielen in Cannes 1991

Ernst Probst

Jeanne Moreau

Die „Inkarnation
französischer Weiblichkeit"

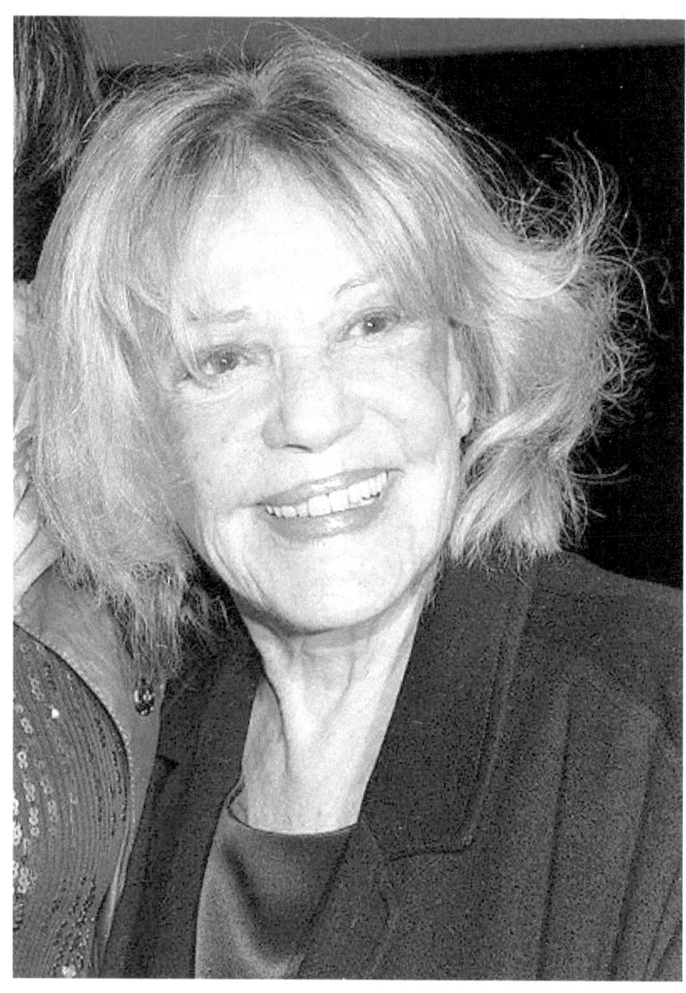

Jeanne Moreau im Oktober 2009

Jeanne Moreau

Die „Inkarnation französischer Weiblichkeit"

Zur Diva des Kinos der französischen neuen Welle stieg in den frühen 1960-er Jahren die Schauspielerin und Regisseurin Jeanne Moreau auf. Die kaum 1,60 Meter große Künstlerin mit den hellbraunen Augen, dem aufregenden Mund und der tiefen, rauchigen Stimme gilt als „Inkarnation französischer Weiblichkeit". Man bezeichnete sie auch als „Muse der Nouvelle Vague" und wegen ihres harten Auftretens und ihrer Unnahbarkeit als „Bette Davis ihrer Zeit". Bette Davis (1908–1989) war einer der größten weiblichen Hollywood-Stars. Die Moreau wirkte in mehr als 120 Filmproduktionen mit.

Jeanne Moreau wurde am 23. Januar 1928 als Tochter des französischen Kellners Anatole Désiré Moreau (1887–1983) und der britischen Tänzerin Kathleen Buckley in Paris geboren. Ihr katholischer Vater stammte aus einer religiösen Bauernfamilie, die über seine Heirat nicht sonderlich begeistert war. Ihre protestantische Mutter war mit der Tanztruppe „Tiller Girls" in den Folies-Bergères aufgetreten und in Paris geblieben. Jeanne glaubte später, ihre Eltern hätten nur geheiratet, weil ihre Mutter mit ihr schwanger war.

Zehn Monate nach der Geburt von Jeanne kam ihre jüngere Schwester Michelle zur Welt. 1929 zog Anatole Moreau mit seiner Familie nach Vichy, wo er ein kleines Hotel und Restaurant eröffnete. Jeanne besuchte in Vichy eine streng katholische Schule. Sie wuchs aber wie ein Wildfang auf, fuhr oft Fahrrad und kletterte wie Jungen gern auf Bäume. Offenbar hatten ihre Eltern wegen des Hotels und Restaurants wenig Zeit für sie.

Die Ehe von Anatole und Kathleen Moreau verlief nicht glücklich. Anatole war ein starker Trinker und weigerte sich – so wie viele andere Franzosen auch – Englisch zu lernen und zu sprechen. Erschwerend kam hinzu, dass sich die Schwiegereltern von Kathleen wegen der Heirat ihres Sohnes mit einer ausländischen Tänzerin, die mit nackten Brüsten aufgetreten war, schämten.

Wenn der Vater und die Mutter nicht wussten, was sie mit Jeanne anfangen sollten, schickten sie diese in die Küche ihres Restaurants. Dort hat die Kleine bereits im Alter von fünf Jahren aus Eiern und Öl erstmals Mayonnaise gerührt. 1936 wurde ihr Vater zahlungsunfähig und verlor Hotel und Restaurant.

Eines Tages verließ Kathleen Moreau aus heute nicht mehr genau bekannten Gründen mit ihren Töchtern Jeanne und Michelle ihren Ehemann und kehrte für gewisse Zeit nach England zurück. Jeanne mochte ihren Großvater mütterlicherseits, der ein Seemann war, besonders gern. In England lebten Mutter und Töchter zeitweise in Hove und Littlehampton.

Als der Zweite Weltkrieg ausbrach, entschloss sich die Mutter, zusammen mit ihren beiden Kindern nach Frankreich zurückzukehren, um bei ihrem Ehemann zu sein. Die riskante Reise von England nach Frankreich dauerte sechs Tage, weil bei der Überfahrt über den Ärmelkanal damals Angriffe deutscher U-Boote zu befürchten waren. Nach der Ankunft in Paris warnten Einheimische die Mutter, als Engländerin würde sie von den Deutschen getötet.

Statt in den Tod schickte man Kathleen Moreau in das berüchtigte Sammel- und Durchgangslager Drancy etwa 20 Kilometer nördlich von Paris. Von dort wurden schätzungsweise 65.000 hauptsächlich französische Juden mit der Eisenbahn in deutsche Vernichtungslager überwiegend im heutigen Polen (Auschwitz-Birkenau und andere) transportiert. Nach einiger Zeit durfte die Mutter das Gefangenenlager Drancy verlassen und nach Paris zurückkehren. Als „feindliche Ausländerin" musste sich die Mutter in Paris täglich bei der deutschen „Geheimen Staatspolizei" („Gestapo") melden. Mutter und Töchter hatten damals eine Wohnung über einem Bordell. Wenn Jeanne auf die Straße ging, musste sie oft an einer langen Schlange von wartenden deutschen Soldaten vorbei. Der Vater lebte damals im von den Deutschen Truppen nicht besetzten Südfrankreich.

In dieser dunklen Zeit zog sich Jeanne in die Welt der Bücher zurück. Später erzählte sie, sie habe viele Bücher und viel zu früh gelesen. Manche Bücher machten sie –

hingerissen zwischen Angst und Faszination – regelrecht krank. Werke von Émile Zola (1840–1902) las sie bereits, als sie erst 13 alt war.

Bis zum Alter von 15 Jahren war Jeanne eine fleißige Schülerin. Aber dann verlor sie allmählich das Interesse am Schulunterricht. Ihr Vater hatte ihr verboten, ins Kino oder ins Theater zu gehen. Doch Schulfreunde/innen, die über Kino- oder Theaterbesuche erzählten, entfachten ihre Neugier für die Kinoleinwand und die Theaterbühne.

Eines Tages ging Jeanne zu einer Aufführung des Stückes „Antigone" von Jean Anouilh (1910–1987) ins Theater und wurde davon überwältigt. In den folgenden Wochen besuchte sie immer wieder das Theater und fasste irgendwann den Entschluss, selbst Schauspielerin zu werden. Als ihr Vater dies erfuhr, schlug er Jeanne ins Gesicht und sagte, er wolle nie wieder davon hören.

Ihre Mutter, die als Tänzerin bereits Bühnenerfahrung hatte, verstand den Berufswunsch von Jeanne besser. Sie sprach mit einem Nachbarn, der Schauspieler war, darüber und dieser empfahl ihr einen Schauspiellehrer für Jeanne. Der Schauspiellehrer bereitete Jeanne sorgfältig auf das Vorsingen am Pariser Konservatorium („Conservatoir National d'Art Dramatique") vor.

Nach dem Abitur am „Lycée Edgard Quinet" in Paris ließ sich Jeanne Moreau ab 1946 bei Denis d'Inès (1885–1968) am Pariser Konservatorium zur Schauspielerin ausbilden. Ein Jahr später feierte sie 1947 ihr Debüt beim Theaterfestival in Avignon (Südfrankreich).

Während des Studiums von Jeanne am Pariser Konservatorium trennten sich ihre Eltern. Ihre Mutter verließ Frankreich nach 24 schwierigen Ehejahren und kehrte zusammen mit der Tochter Michelle nach England zurück. Jeanne dagegen blieb bei ihrem Vater in Frankreich.

Im Alter von 20 Jahren wurde Jeanne Moreau als jüngste Schauspielerin aller Zeiten in die ruhmreiche Pariser „Comédie Française" aufgenomen. Dort trat die aparte Künstlerin, die eine seltene Mischung aus Instinkt, Intellekt und Charme verkörpert, ab 1948 auf. An der gloriosen „Comédie Française" lernte sie die hohe Schule des klassischen Theaters kennen und spielte sie vier Jahre lang jugendliche Rollen im klassischen, modernen oder frivolen Repertoire.

Im Alter von 21 Jahren heiratete Jeanne Moreau 1949 den fast gleichaltrigen Jean-Louis Richard (1927–2012), der wie sie am Pariser Konservatorium studiert hatte. Ihr Ehemann machte sich später als Schauspieler und Regisseur einen Namen. Aus ihrer Ehe ging 1950 der Sohn Jérôme hervor, der als Erwachsener ein erfolgreicher Maler wurde. Weil Jeanne bereits einen Monat nach der Geburt wieder arbeitete, betreute ihre Schwiegermutter das Baby.

Die Karriere von Jeanne Moreau auf der Kinoleinwand begann mit einer mittelmäßigen Rolle in „Dernier

Amour" („Letzte Liebe", 1949). Danach wirkte sie in „Meurtres" und „Pigalle-Saint-Germain-des-Prés" mit, die beide 1950 in die Kinos kamen.

Bald nach ihrer Heirat mit Jean-Louis Richard sah Jeanne Moreau den 1,87 Meter großen amerikanischen Schauspieler Orson Welles (1915–1985) auf der Bühne. Er lud sie zu einer Party ein und sie akzeptierte. Viele Jahre später wurde die Moreau von Welles gefragt, ob ihr nicht bewusst gewesen sei, dass er sich damals für sie interessiert habe. Sie verneinte dies und erklärte, damals habe sie in ihm nur ein Genie gesehen. Als Jeanne von jener Party spät nachhause kam, warteten ihr Ehemann und ihre Schwiegereltern besorgt auf sie. Wenn man sich vor Augen führt, wie schnell und wie oft sich die leicht entflammbare Jeanne später in Kollegen verliebte, waren die Sorgen von Ehemann und Schwiegereltern nicht ganz unbegründet. Ab 1951 lebte Jeanne getrennt von ihrem Ehemann. Die Scheidung erfolgte aber erst 1964.

Zusammen mit dem französischen Schauspieler Gerard Philipe (1922–1959) trat Jeanne Moreau 1951 in „Le Cid" von Pierre Corneille (1606–1684) und in „Prinz Friedrich von Homburg" von Heinrich Kleist (1777–1811) auf. 1952 verließ sie die „Comédie Française", die ihr wie ein Gefängnis erschien und deren Unsittlichkeit sie anwiderte. Etablierte Schauspieler nahmen dort angeblich sogar Rollen an, die sie nicht wollten, nur damit andere sie nicht bekamen.

Ab 1952 spielte Jeanne Moreau ein Jahr lang am moderneren expe-rimentellen „Théâtre National Populaire" von Jean Vilar (1912–1971). Einem Rat von Gérard Philipe folgend nahm Jeanne eine Rolle als Prostituierte in dem Stück „L'heure Eblouissante" von Anna Bonacci an. In der zweiten Nacht fiel die Hauptdarstellerin, die eine unbescholtene Frau verkörperte, erkrankt aus und Jeanne wurde gebeten, auch deren Rolle zu spielen. Jeanne lernte die zweite Rolle über Nacht. Da die beiden Schauspielerinnen in diesem Stück nicht gleichzeitig auf der Bühne agierten, erschien Jeanne abwechselnd als unbescholtene Frau oder als Straßenmädchen. Das schauspielerische Kunststück gelang ihr so gut, dass sie diese Doppelrolle zwei Jahre lang in nahezu 500 Aufführungen spielte.

Mit dem „Théâtre National Populaire" sah man Jeanne Moreau bei Gastspielen als Nathalie im „Prinzen von Homburg" in Deutschland und an verschiedenen französischen Theatern. Am New Yorker Broadway feierte sie mit der englischsprachigen Version ihres Pariser Erfolgsstückes „L'heure éblouissante" Triumphe.

Für 1951 erwähnt die Filmdatenbank „Internet Movie Database" („IMDb") keinen Streifen, in dem Jeanne Moreau mitwirkte. Doch in der Folgezeit erschien sie regelmäßig auf der Kinoleinwand. „IMDb" nennt für 1952 zwei Filme, für 1953 zwei, für 1954 vier, für 1955 drei, für 1956 einen Film, für 1957 vier und für 1958 ebenfalls vier Filme.

Für die Filmkarriere von Jeanne Moreau erwies sich eine Begegnung mit dem jungen französischen Regisseur Louis Malle (1932–1995), der für seinen Debütfilm eine Schauspielerin suchte, sehr förderlich. Ihm war sie im „Théâtre National Populaire" mit ihrer Rolle als sexhungrige „Maggie in „Die Katze auf dem heißen Blechdach" von Tennessee Williams (1911–1983) wohltuend aufgefallen. Malle hatte bis dahin Unterwasserfilme mit Jacques-Yves Costeau (1910–1997) gedreht. Nach einer Vorstellung kam er hinter die Bühne und erklärte der Moreau, er habe die Rechte an einem Buch erworben, aus dem er einen Film machen wolle, in dem Jeanne die weibliche Hauptrolle spielen solle. Dafür stünden ihm allerdings nur ein winziges Budget und eine bescheidene technische Ausrüstung zur Verfügung.

Ungeachtet dieser ungünstigen Voraussetzungen nahm Jeanne Moreau die Rolle in dem Kriminalfilm „Ascenseur pour l'echaufaud" („Fahrstuhl zum Schafott", 1958) unter der Regie von Louis Malle an. Darin spielt sie eine untreue Ehefrau. Deren Liebhaber, ein leitender Angestellter (Maurice Ronet), ermordet an einem Samstagnachmittag in Paris kurz vor Feierabend seinen Chef, der zugleich der reiche und mächtige Ehemann seiner Geliebten ist. Um eine verräterische Spur zu beseitigen, kehrt der Mörder noch einmal zum Tatort zurück, bleibt aber in einem kaputten Fahrstuhl stecken. Besonders eindrucksvoll ist die Szene, in der die Frau glaubt, ihr Geliebter habe sie sitzengelassen. Nun wandert sie entlang der Champs Elysée in der Nacht, beleuchtet von den Lichtern der Schaufenster, während die Trompete von Miles Davis (1926–1991) herzzerreißend spielt.

Nach den Dreharbeiten für „Fahrstuhl zum Schafott" verliebte sich die Moreau in Malle. Ein Jahr später schaffte sie in „Les amants" („Die Liebenden", 1958) den künstlerischen Durchbruch. Dabei mimte sie eine Frau aus der Provinz, die wegen eines Mannes, den sie gerade erst zufällig kennengelernt hat, ihre Familie verlässt. Die erotischen Szenen wurden in vielen Ländern von der Zensur beanstandet. Den Film „Die Liebenden" betrachtete die Moreau als ihr Kind mit Malle. Bereits bei den Dreharbeiten wusste sie allerdings, dass sie sich danach trennen müssten.

Nach dem Ende ihrer Affäre mit Louis Malle korrespondierte Jeanne Moreau längere Zeit mit dem schwedischen Filmregisseur Ingmar Bergman (1918–2007). Bergman entwickelte ein Filmprojekt namens „L'amour Monstre" für sie. Aber dieser Streifen wurde nie verwirklicht, weil die Moreau nicht schwedisch und Bergman nicht französisch lernen konnte bzw. wollte.

Vor allem zu Beginn der Filmkarriere von Jeanne Moreau erklärten Kritiker, sie sei nicht schön. Man bemängelte ihre gewölbte Stirn und ihren vollen Mund mit den nach unten gezogenen Winkeln. Aus diesem Grund riet man Jeanne, sie solle beim Theater bleiben. Doch dort hatte sie bereits jeden erdenklichen Ruhm erreicht.

Allen Unkenrufen zum Trotz hat das Gesicht von Jeanne Moreau auch das Kinopublikum fasziniert. Es konnte von einem Moment auf den anderen Leidenschaft oder Angst ausstrahlen. Ihre sphinxhafte Unergründlichkeit auf der Kinoleinwand wirkte berechnend und kaltschnäuzig. Doch Jeanne hatte hierfür eine andere Erklärung parat: „Nervosität drückt sich bei mir in einer großen Ruhe aus", sagte sie. Im Hamburger Nachrichten-Magazin „Der Spiegel" hieß es: „Wenn andere Schauspielerinnen das gewisse Etwas hatten, so hatte sie das gewisse Alles".
Bald arbeitete Jeanne Moreau mit den bedeutendsten Filmregisseuren zusammen. Mit Peter Brook drehte sie „Moderato Cantabile" („Stunden voller Zärtlichkeit", 1960), mit Michelangelo Antonioni (1912–2007) „La Notte" („Die Nacht", 1960), mit François Truffaut (1932–1984) „Jules et Jim" (1962), mit Orson Welles (1915–1985) „Le procès" („Der Prozeß", 1962) und „Campanadas a medianoche" („Falstaff", 1965) sowie im Fernsehfilm „Histoire immortelle" („Stunde der Wahrheit", 1968), mit Joseph Losey (1909–1984) „Eva" (1962), mit Luis Buñuel (1900–1983) „Le journal d'une femme de chambre" („Tagebuch einer Zofe", 1963) und mit Rainer Werner Fassbinder (1945–1982) „Querelle – ein Pakt mit dem Teufel" (1982).
Luis Buñuel lobte Jeanne Moreau als wunderbare Schauspielerin. Besonders bewunderte er ihren Gang. Wenn sie ging, zitterte ihr Fuß ein wenig auf ihren hohen

Absätzen, was auf eine gewisse Spannung und Instabilität hindeute, erklärte er. Buñuel, der für die Moreau eine Art Vaterfigur war, meinte angesichts deren bewegten Liebeslebens, wenn Jeanne tatsächlich seine Tochter wäre, würde er sie einsperren.
Oft versuchte Jeanne Moreau, ihrem hartnäckigen Film-Image als Geliebte zu entkommen. Sie verkörperte nicht nur Geliebte, sondern auch Nonnen, Lehrerinnen, Gangsterinnen, Königinnen oder Bombenlegerinnen.
In „Moderato Cantabile" spielte Jeanne Moreau überzeugend eine Frau, die sich in einen Kriminellen verliebt. Während der Dreharbeiten wurde ihr zehnjähriger Sohn Jérôme ernsthaft bei einem Autounfall verletzt. Am Steuer des Unfallautos hatte Jean-Paul Belmondo gesessen. Jérôme lag zehn Tage lang in einer Klinik im Koma, erholte sich dann aber vollständig wieder. Für „Moderato Cantabile" erhielt Jeanne 1960 in Cannes den Filmpreis als beste Darstellerin.
In den Monaten bis zur Produktion des Films „Jules et Jim" (1962) verbrachte der Regisseur François Truffaut viel Zeit im Bauernhaus von Jeanne Moreau in Südfrankreich. Dabei entwickelte sich eine leidenschaftliche Beziehung zwischen den Beiden, aus der nach Ende der Dreharbeiten eine dauerhafte Freundschaft wurde. 1962 verlieh man Jeanne Moreau für ihre Rolle in dem Film „Jules et Jim" den „L'etoile de cristale". Die Handlung von „Jules et Jim" rührte viele Herzen: 1912

studieren der deutsche Insektenforscher Jules (Oskar Werner) und der französische Journalist Jim (Henri Serre) in Paris Literatur. Beide verlieben sich in Cathérine (Jeanne Moreau), die sich für Jules entscheidet und mit ihm in den Schwarzwald zieht. Nach dem Ersten Weltkrieg besucht Jim, der Cathérine immer noch liebt, die Beiden. Cathérine, mittlerweile Mutter einer Tochter und von Jules gelangweilt, beginnt eine Affäre mit Jim. Diese befriedigt sie aber nicht. Vor den Augen von Jules fährt Cathérine mit einem Auto, in dem auch Jim sitzt, in einen Fluss. Jules bleibt allein zurück und trauert um beide. Der Film „Jules et Jim" beruht auf dem Erstlingsroman des 74-jährigen Sonntagsschriftstellers Henri-Pierre Roché (1879–1959). In Szene gesetzt wurde dieser Streifen vom Regisseur François Truffaut, der den Zuschauern/innen sogar Details der Feuerbestattung zumutet. In Großaufnahme sieht man, wie die Knochen von Catherine und Jim zermahlen und in Urnen abgefüllt wurden.

In den 1960-er Jahren verliebte sich Jeanne Moreau auf den ersten Blick in den Pariser Modeschöpfer Pierre Cardin, als sie seine Kreationen anprobierte. Ihre Romanze dauerte fünf Jahre lang und führte sie unter anderem nach Griechenland und Tahiti. Jeanne wurde damals das bekannteste Modell von Cardin. Vier Jahrzehnte später gestand der Modefürst, er sei damals homosexuell gewesen. Jeanne habe ihn durcheinandergebracht. Die Filmdiva verriet, sie sei diejenige Frau gewesen, die Cardin zuerst umgelegt habe. Cardin schwärmte, er wäre sehr stolz gewesen, ein Kind von der Moreau zu haben, denn dieses wäre weder mies noch blöd ausgefallen. Die Moreau schmachtete, in diesem Fall wäre es ein Kind der Liebe gewesen.

1964 stieg die Gage von Jeanne Moreau fast mit jedem Film. Für „Le journal d'une femme de chambre" bekam sie 50.000 US-Dollar, für „The Train" 60.000 US-Dollar und für „The Yellow Rolls Royce" bereits 70.000 US-Dollar. Bei letzterem Streifen stand ihr für die Fahrt zum Set ein Rolls Royce mit Chauffeur zur Verfügung. Außer über ihre wachsende Gage konnte sie sich 1964 auch über den „Grand Prix du Disque" freuen. Im März 1965 wurde sie als erste französische Schauspielerin auf dem Titelblatt des US-Magazins „TIME" abgebildet.

Während der Dreharbeiten für die Westernkomödie „Viva Maria!" (1965) erschienen in der Boulevard-Presse reißerische Geschichten über die weiblichen Hauptdarstellerinnen Jeanne Moreau und ihre Landsmännin Brigitte Bardot („B.B."). Dabei war von Eifersüchteleien „hysterischer Weiber" die Rede. Die Moreau bestritt später, dass es Eifersucht zwischen ihr und der Bardot gegeben habe. Sie hätten nur völlig verschiedene Arbeitsauffassungen gehabt. So habe sie beispielsweise zur Bardot gesagt, wenn diese sich wieder einmal vier Stunden verspäte, wolle sie angerufen werden, dann könne auch sie länger schlafen. Die

Moreau selbst kam nie zu spät, sie konnte Unpünkt-
lichkeit nicht leiden.
1966 erhielt Jeanne Moreau den „British Academy
Award" und wurde sie zum „Ritter der Ehrenlegion
ernannt". Damals hatte sie eine Affäre mit dem
griechischen Schauspieler Teodoro Rubanis.
Eine Affäre von Jeanne Moreau mit dem britischen
Regisseur Tony Richardson (1928–1991) führte 1967 zu
dessen Scheidung von seiner Ehefrau, der Schauspielerin
Vanessa Redgrave. Jeanne hatte in „Mademoiselle"
(1966) unter der Regie von Richardson mitgewirkt.
Offenbar gehörte sie zu den Schauspielerinnen, die sich
bei Dreharbeiten oft in den Regisseur verliebten.
Mit 40 lebte Jeanne Moreau fast ein Jahr lang in ihrem
Bauernhaus in Le Préverger und dachte über ihr
bisheriges Leben nach. Sie hatte bereits rund 50 Filme
gedreht, fühlte sich erschöpft und unzufrieden mit
jüngsten Arbeit. Damals stellte sie Marmelade her,
pflegte ihre Weinberge und suchte ihren kranken Vater.
Die „Rolly-Royce-Zeit" mit Pelzen und Champagner
war zu Ende.
Zusammen mit mehr als 300 französischen Frauen
unterzeichnete Jeanne Moreau im Frühjahr 1971 ein
Manifest gegen das damalige französische Abtrei-
bungsgesetz. Dieses Manifest wurde am 5. April 1971
im Magazin „Le Nouve Observateur" veröffentlicht.
Jeanne hatte zu diesem Zeitpunkt bereits zwei Abtreibungen hinter sich und betrachtete das Abtreibungs-

gesetz als Skandal. Viele Frauen seien damals an den Folgen illegaler Abtreibungen gestorben.

Von 1974 bis 1976 hatte Jeanne Moreau eine Affäre mit dem 14 Jahre jüngeren österreichischen Dichter Peter Handke. Nach der Premiere des Handke-Stückes „Ritt über den Bodensee" („Chevauchée sur le lac de Constance") in Paris entführte Handke die damals noch mit dem Modeschöpfer Pierre Balmain (1914–1982) liierte Moreau über München nach Venedig, wo sie gemeinsam Silvester feierten. In einem der zahlreichen Briefe, die sie per Express an Handke schickte, schrieb die Moreau, er sei die Liebe ihres Lebens. Handke antwortete, sie sei seine erste und einzige Liebe. Doch 1976 war die innige Beziehung zwischen dem Dichter und der Diva bereits beendet. Handke überließ die leidenschaftlichen Briefe der Moreau einem Archiv. Die Moreau wiederum wollte Handkes Briefe vor ihrem Tod verbrennen.

1975 und 1995 fungierte Jeanne Moreau in Cannes als Präsidentin der Filmfestspiele. Der amerikanische Schauspieler und Regisseur Orson Welles ermunterte sie, selbst Regie zu führen. Ihr Debüt als Regisseurin gab sie in dem Film „Lumiére" („Im Scheinwerferlicht", 1975). Darin spielt die damals mit Peter Handke befreundete Jeanne Moreau eine berühmte Filmschauspielerin namens Sarah, die unter anderem einen jüngeren deutschen Dichter namens Heinrich Grün (dargestellt von Bruno Ganz) liebt. Handke war vom „Grünen Heinrich" von Gottfried Keller (1819–1990)

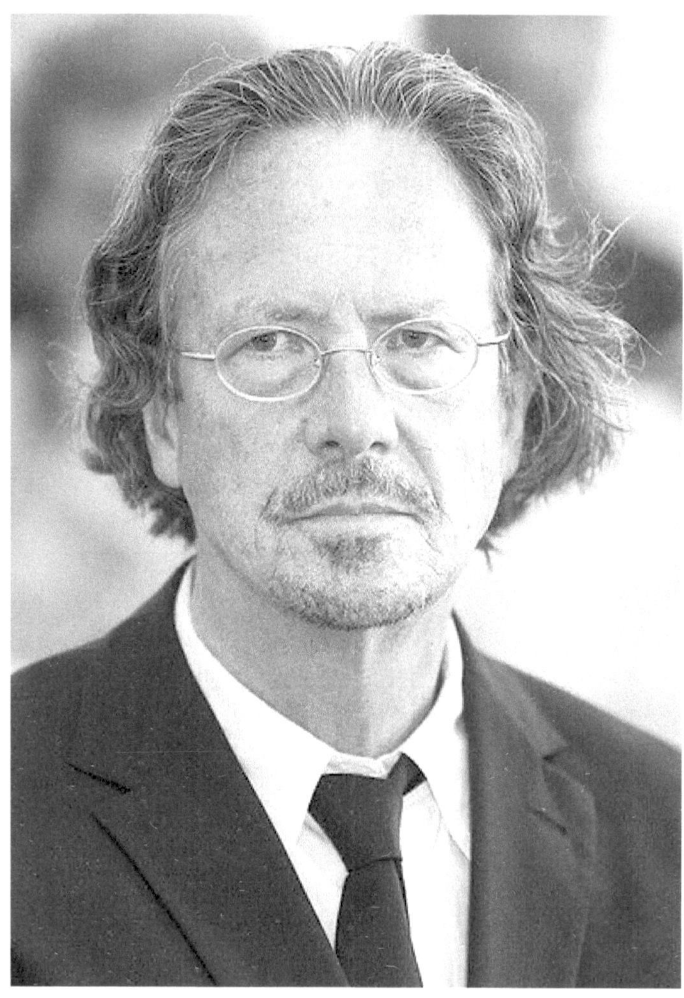

Dichter Peter Handke

begeistert. Die Filmfiguren Heinrich und Sarah nächtigen im Pariser Luxushotel „Plaza Athénée" und auf einer Seine-Brücke beteuert der Dichter: „Du bist die Frau meines Lebens, und ich bin der perfekte Mann für dich". Weitere eigene Regiearbeiten der Moreau waren der Film „L'Adolescente" („Mädchenjahre", 1978) mit Simone Signoret (1921–1985) und Edith Clever sowie der Streifen „Lilian Gish" (1984).

Mit „La Peau", „Léon", „Le Tourbillon" und „Jeanne chante Jeanne" war Jeanne Moreau auch als Chansonette erfolgreich. Insgesamt besang sie etwa 20 Schallplatten. In großen Konzerten trat sie eher selten auf.

Am 8. Februar 1977 heiratete Jeanne Moreau in Paris den bereits zweimal geschiedenen amerikanischen Regisseur William Friedkin. Danach packte sie ihre Sachen und zog mit ihrem Ehemann nach Los Angeles (Kalifornien). Aufgrund ihrer jeweiligen Verpflichtungen kühlte ihre Beziehung bald ab. 1979 wurde die Moreau von Friedkin geschieden. Anschließend kehrte sie nach Paris sowie zum Film und zur Bühne zurück. In Paris bezog sie später eine kleine Wohnung mit Blick auf die Seine. 1982 gründete sie die Produktionsgesellschaft „Capella Films".

Im Film „Querelle" (1982) unter der Regie von Rainer Werner Faßbinder mimte Jeanne Moreau eine Frau in einem Bordell. „Querelle" handelt von einem apokalyptischen Engel, dem alle verfallen. Er ist schön, verwegen, intrigant, mörderisch und zerstörend. Kritiker urteilten hierüber: „Eine faszinierende Studie über Sexualität, Sehnsüchte und tiefste menschliche Regungen". Bald nach Abschluss dieses Streifens ist Faßbinder gestorben. Danach wirkte Jeanne vier Jahre lang in keinem weiteren Spielfilm mit.

Der Regisseur Klaus Michael Grüber holte Jeanne Moreau 1986 zurück auf die Theaterbühne. Jeanne spielte in den Pariser „Bouffes du Nord" die Zerline in dem Stück „Le récit de la servante Zerline" („Die Erzählung der Magd Zerline"), wofür man sie enthusiastisch feierte. Dabei handelte es sich um einen Monolog aus dem Roman „Die Schuldlosen" von Hermann Broch (1886–1951). Darin schilderte Jeanne als gichtgeplagte Zofe Zerline ihre unerwiderte Liebe zu ihrem Dienstherrn, dem Baron, und ihren Hass auf dessen Ehefrau, die seiner nicht würdig sei und von einem Liebhaber ein Kind bekommen hatte. Hierfür erhielt sie 1988 den „Molière Award", das französische Gegenstück zum „Tony", als beste Theaterschauspielerin.

Mit dem Thema Tod befassten sich die Fernsehproduktonen „L'arbre" (1984) und „The Last Séance" (1986), in denen Jeanne Moreau mitwirkte. Der Tod beschäftigte sie damals sehr, weil zuvor einige ihrer alten Freunde wie Orson Welles, François Truffaut und Luis Buñuel gestorben war.en.

Bevor Jeanne Moreau nach vierjähriger Pause 1986 wieder auf die Kinoleinwand zurückkehrte, gab es

Retrospektiven ihrer Filme in etlichen Großstädten auf der ganzen Welt. Man feierte Jeanne, wohin sie auch ging. 1986 entstanden wieder qualitativ hochwertige Filme mit ihr wie „Le paltoquet" und „Sauve-toi, Lola".

Im Herbst 1988 nahm Jeanne Moreau als Stargast am zweiten Hamburger „Festival der Frauen" mit Künstlerinnen aus 21 Ländern teil. Dabei trat Jeanne im Hamburger Schauspielhaus für weniger Gage als üblich mit „Die Erzählung der Magd Zerline" auf. Anderthalb Stunden lang trug sie in französischer Sprache „mal milde, mal lüstern lächelnd, mal mit Wehmut, mal mit Verachtung in der Stimme" – so der „Spiegel" – die Gefühlsregungen der Dienerin zwischen Klage, Anklage und Selbstanklage vor. Die Verpflichtung von Stargästen wie Jeanne Moreau oder der Schriftstellerin Patricia Highsmith beim Hamburger „Festival der Frauen" erregte den Unmut alternativer und grüner Frauengruppen, die den Starkult kritisierten und mehr Geld für unbekannte Künstlerinnen forderten.

In einem Interview mit dem „Spiegel" über das Hamburger Frauenfestival, ihre Schauspielkunst und ihre Filmregisseure beantwortete Jeanne Moreau offen die Fragen der Redakteurinnen Bettina Musall und Angela Gatterburg. Als man sie fragte, wie es zusammenpasse, dass sie mit Feminismus wenig im Sinn habe und trotzdem beim Frauenfestival auftrete, erklärte Jeanne, sie wäre auch zu einem Männerfestival gekommen.

Wenn sie entscheiden müsse, ob sie zu einer Rolle ja oder nein sage, schreibe sie alle Für und Wider auf einen Zettel und lege diesen unter ihr Kopfkissen. Am nächsten Morgen wissen sie, was zu tun sei. Viele Dinge enschieden sich nachts.

Von Auseinandersetzungen mit Regisseuren hielte sie nichts, sagte Jeanne Moreau im „Spiegel-Interview". Das koste nur Energie. Sie unterwerfe sich gerne, aber suche sich aus, beim wem. Der ruhige Regisseur François Truffaut habe Rollen nie direkt mir ihr durchgesprochen, sondern ihr selbst oder jemand anders, der sie sehr gut kenne, einen Brief mit Tipps geschrieben. Der riesengroße und stürmische Orson Welles dagegen habe durch sein Lachen, seine Bewegungen und die Art, in der er bestimmte, wo die Kamera, die Beleuchtung und alles andere zu sein hatte, einen einfach mitgerissen. Luis Buñuel wiederum sei sehr präzise mit jedem Kostüm, mit jeder Requisite, bis hin zur Mokkatasse, gewesen. Manche Menschen mache dieses intensive Leben und Arbeiten beim Film kaputt. Sie nicht zum Glück.

Dreharbeiten mit dem englischen Schauspieler Rex Harrison (1908–1990) erschienen Jeanne Moreau „sehr vergüglich". Sie fand es köstlich, dass er trank und die Flaschen versteckte. Peter O'Toole habe ebenfalls getrunken, aber im Gegensatz zu Harrison die Flaschen nicht versteckt. Der italienische Schauspieler Marcello Mastroianni (1924–1996) erschien ihr anbetungswürdig, sehr bescheiden, gelassen und charmant.

Für Heirat, Kinder und Haushalt sei sie nicht geschaffen, erklärte Jeanne Moreau im „Spiegel"-Interview. Jeder müsse tun, wofür er bestimmt sei. Wenn es eine Frau erfülle, zu Hause zu sitzen und auf den Ehemann zu warten, sei dies gut. Wenn eine Frau zu den Vagabunden gehöre, sie dies auch gut.

Bei den Theaterfestspielen von Avignon (Südfrankreich) brillierte Jeanne Moreau 1989 mit ihrer Hauptrolle als alte Hure Celestina in dem gleichnamigen Stück von Fernando de Rojas (zwischen 1461 und 1476 bis 1541). Danach folgten große Filme wie „Le pas suspendu de la cigogne" („Der schwebende Schritt des Storches", 1991), „Jusqu'au bout du monde" („Bis ans Ende der Welt", 1991), „La vielle qui marchait dans la mer" („Die Dame, die am Meer spazierte", 1991), für den sie 1992 einen „Cesar" erhielt, und „Writers Wife" („Die Abwesenheit", 1992). Für „La vielle qui marchait dans la mer" betrug ihre Gage 400.000 US-Dollar, also das Achtfache von „Le journal d'une femme chambre" (1964).

Ein Herz für einen Kollegen in Not bewies Jeanne Moreau 1990. Die 62-Jährige verhalf damals dem 46 Jahre alten sowjetischen Regisseur Rustam Chamdamow, der von der Filmbürokratie seines Heimatlandes zwei Jahrzehnte lang zensiert und ignoriert worden war, zur Rehabilitierung. Während eines Gastspiels der Moreau mit einer Theatertruppe in Moskau hatte ihr Chamdamow ein Drehbuch mit dem Arbeitstitel „Anna

Karamasow" zukommen lassen, für das er dringend Geldgeber suchte. Nach der Lektüre dieses Drehbuchs war Jeanne fasziniert davon. Nach etlichen vergeblichen Versuchen, für dieses Drehbuch einen Finanzier zu finden, erklärte sich Jeanne dazu bereit, für einen „Mosfilm"-Einheitslohn von umgerechnet 700 Mark pro Monat die Hauptrolle zu übernehmen und als Co-Produzentin zu fungieren. Der Film „Anna Karamazoff" (1991) fußte laut Autor und Regisseur Chamda-mow auf dem russischen Sprichwort: „Gehst du nach rechts, verlierst du dein Pferd, gehst du nach links, verlierst du deine Seele, gehst du gerade aus, stirbst du".
Eng befreundet ist Jeanne Moreau mit der amerikanischen Filmschauspielerin Sharon Stone. Am 8. Februar 1997 erhielt Sharon aus der Hand von Jeanne den Ehren-César. Ein Jahr später überreichte Stone 1998 der Moreau für ihr Lebenswerk einen Preis der „American Academy of Motion Pictures".
Für ihr Lebenswerk bekam Jeanne Moreau 1992 eine Auszeichnung der „Internationalen Filmfestspiele von Venedig", 1997 den „Europäischen Filmpreis" und eine Auszeichnung des „Festival Internacional de Cine de Domostia-San Sebastián", 2000 den „Goldenen Bär" und 2004 die „Goldene Palme". Von Februar bis März 1994 widmete ihr das „Museum of Modern Art" in New York City als einziger französischer Schauspielerin eine Retrospektive mit 30 ihrer Filme. 1995 wählte das Magazin „Empire" sie zu einem der „100 Sexiest Stars"

der Filmgeschichte und 1997 das Magazin „Esquire"
zu einem der „100 Best People in the World". Die „City
University of New York" ernannte sie im Juni 1997
zum „Doctor of Arts".
Im April 2000 feierte Jeanne Moreau ihr Debüt als
Theaterregisseur für das Stück „Margaret Edson's Wit".
Im September 2001 debütierte sie an der Nationaloper
in Paris für „Attila"von Guiseppe Verdi (1813–1901)
als Opernregisseur.
Bei der „Berlinale" nahm Jeanne Moreau am 11. Februar 2000 den „Goldenen Bär" für ihr Lebenswerk
entgegen. Festivaldirektor Moritz de Hadeln erklärte,
die Moreau habe sich in ihrer mehr als 50-jährigen
Karriere eine dauerhaft steigende Popularität bei Pub-
likum und Filmemachern in der ganzen Welt bewahrt.
Mit ihrem „unverwechselbaren Spiel von Intellektualität
und Leidenschaft" habe sie in zahlreichen Rollen ihr
großes schauspielerisches Können bewiesen. Moreau
habe sich immer wieder für die Zukunft des Films
eingesetzt. Beispielsweise habe sie Seminare für junge
Schauspieler in der ganzen Welt gegeben und sei
Präsidentin der Vereinigung zur Förderung junger
europäischer Filmemacher („Equinoxe") gewesen.
Jeanne war Ehrengast bei der „Berlinale" und sollte die
„Shooting Stars 2000" präsentieren. Doch sie zog sich
eine fiebrige Erkältung zu und verließ das Filmfestival
bereits kurz nach der Preisverleihung an sie. Für sie
sprangen dann Matt Demoln und Gwyneth Paltrow ein.

Als erste Frau wurde Jeanne Moreau 2001 in die vom französischen Sonnenkönig" Ludwig XIV. (1638–1715) gegründete Pariser „Akademie der Schönen Künste" gewählt. Aus diesem historischen Anlass tauschte die 72-jährige Schauspielerin mit ihrem 78-jährigen Akademie-Kollegen, dem Pariser Modeschöpfer Pierre Cardin, öffentlich pikante Erinnerungen über ihre einstige Romanze in den 1960-ern aus.

Ein unerfreuliches Erlebnis hatte die 74-jährige Jeanne Moreau im September 2003. Damals drang ein Unbekannter, der ein Kopftuch trug, in ihre Pariser Wohnung ein und raubte dort Bargeld im Wert von 432.000 US-Dollar und Juwelen. 2007 erhielt sie die Auszeichnung „Commandeur des Ordre national du Mérite".

Als Lieblingshobbys von Jeanne Moreau gelten Lesen und Kochen. Das Beste am Kochen sei das Essen, nur so entdecke man, was gut sei, meinte sie. Sie raucht gern und viel. Wenn ihr jemand die Wohnung vollqualmt, lüftet sie nicht, weil sie befürchtet, die Zugluft könne ihrer Lunge schaden. Noch mit 80 bediente sie ihr Mobiltelefon mit der Geschicklichkeit eines Teenagers.

Der letzte Titel in der umfangreichen Filmografie von Jeanne Moreau ist „Final cut – Hölyeim es uraim" (2012) unter der Regie von György Pálfi. In der eindrucksvollen Besetzungsliste taucht ihr Name unter vielen lebenden Filmstars wie Brigitte Bardot, Alain Delon und Bruno Ganz oder bereits verstorbenen Filmgrößen wie Greta

Garbo (1905–1990), Rita Hayworth (1980–1987), Giulietta Masina (1920–1994) und Marcello Mastroianni auf. Jeanne Moreau war mit vielen erfolgreichen Schriftstellern/innen wie Jean Cocteau (1889–1963), Jean Genet (1910–1986), Henry Miller (1891–1980), Anaïs Nin (1903–1977) und Marguerite Duras (1914–1996) befreundet.

Von Jeanne Moreau sind zahlreiche kluge Zitate bekannt. Von ihr stammen unter anderem folgende Aphorismen: „Beim Liebesspiel ist es wie beim Autofahren. Die Frauen mögen die Umleitung – die Männer die Abkürzung". „Für den Mann ist jede Frau ein Rätsel, dessen Lösung er bei der nächsten sucht". „Alternde Menschen sind wie Museen: Nicht auf die Fassade kommt es an, sondern auf die Schätze im Innern".

Angeblich hasst es Jeanne Moreau, sich mit ihrer Vergangenheit zu befassen. „Nostalgie ist etwas für Leute, die ihre Neugier verloren haben", sagt sie. Für sie sei es ein Klischee, dass das Leben ein Berg sei, den man besteige, bis man den Gipfel erreicht habe, und dass man dann nach unten gehe. Sie ginge durch das Leben, bis sie von den Flammen verbrannt werde.

Filme von Jeanne Moreau

(Auswahl)

Kinofilme
1949: Letzte Liebe (Dernier amour)
1950: Klagt mich an! (Meurtres)
1950: Pigalle-Saint-Germain-des-Prés
1952: Der Mann meines Lebens (L'homme de ma vie)
1952: Es ist Mitternacht, Dr. Schweitzer (Il est minuit, docteur Schweitzer)
1953: Im Schlafsaal der großen Mädchen (Dortoir des grandes)
1953: Julietta
1954: Wenn es Nacht wird in Paris (Touchez pas au grisbi)
1954: Les intrigantes
1954: Secrets d'alcôve
1954: Bartholomäusnacht (La Reine Margot)
1955: Les hommes en blanc
1955: M'sieur la Caille
1955: Straßensperre (Gas-Oil)
1956: Hinter verschlossenen Türen (Le salaire du péché)

1957: Jusq'au dernier

1957: Les louves

1957: L'etrange Monsieur Steve

1957: Trois jours à vivre

1958: Échec au porteur

1958: Fahrstuhl zum Schafott (Ascenseur pour l'échafaud)

1958: Le Dos au mur

1958: Die Liebenden (Les Amants)

1959: Sie küßten und sie schlugen ihn (Les quatre cents coups)

1959: Gefährliche Liebschaften (Les Liaisons dangereuses)

1960: Jovanka und die Anderen (Jovanka e le altre/ Five branded women)

1960: Stunden voller Zärtlichkeit (Moderato cantabile)

1960: Opfergang einer Nonne (Les Dialogues des Carmélites)

1961: Die Nacht (La Notte)

1961: Une femme est une femme

1962: Jules und Jim (Jules et Jim)

1962: Eva

1962: Der Prozess (Le procès)

1962: Die blonde Sünderin (La baie des anges)

1963: Peau de banane

1963: Le feu follet
1963: Die Sieger (The Victors)
1964: Tagebuch einer Kammerzofe (Le journal d'une femme de chambre)
1964: Der Zug (The Train)
1964: Mata Hari, agent H 21
1964: Der gelbe Rolls-Royce (The Yellow Rolls-Royce)
1965: Viva Maria!
1965: Falstaff (Campanadas a medianoche)
1966: Mademoiselle
1967: Le plus vieux métier du monde
1967: Nur eine Frau an Bord (The Sailor from Gibraltar)
1967: Die Braut trug schwarz (La mariée était en noir)
1968: Die große Katharina (Great Catherine)
1969: Le corps de Diane
1970: The Deep
1970: Monte Walsh
1971: Der Boss (Comptes à rebours)
1972: L'humeur vagabonde
1972: Die Affaire (Chère Louise)
1972: Nathalie Granger
1973: Joanna Francesca
1973: Je t'aime

1974: Die Ausgebufften (Les valseuses)
1974: La race des seigneurs
1975: Hu-Man
1975: Le jardin qui bascule
1975: Erinnerungen aus Frankreich (Souvenirs d'en France)
1976: Lumière
1976: M. Klein
1976: Der letzte Tycoon (The Last Tycoon)
1979: Mädchenjahre (L'adolescente), auch Regie
1981: Plein sud
1981: Your Ticket Is No Longer Valid
1982: Tausend Milliarden Dollar (Mille milliards de dollars)
1982: Querelle – ein Pakt mit dem Teufel
1982: Eine Frau wie ein Fisch (La Truite)
1986: Der Tölpel (Le paltoquet)
1986: Sauve-toi, Lola
1987: Le miraculé
1989: Jour après jour
1990: Nikita
1990: Alberto Express
1990: La femme fardée
1991: Anna Karamazoff
1991: Die Dame, die ins Meer spazierte
1991: Bis ans Ende der Welt (Jusqu'au bout du monde)

1991: Der schwebende Schritt des Storches (Le pas suspendu de la cigogne)
1992: Der Liebhaber (L'Amant), Sprechrolle
1992: La nuit de l'océan
1992: Die Abwesenheit
1992: À demain
1992: The Summmer House
1993: Flucht aus dem Eis (Map of the Human Heart)
1993: Je m'appelle Victor
1993: Auf fremden Felde (A foreign field)
1995: 101 Nacht – Die Träume des Monsieur Cinéma (Les cent et une nuits)
1995: Jenseits der Wolken (Al di là delle nuvole)
1996: I Love You, I Love You Not
1996: The Proprietor
1997: Amour & confusions
1997: Der Hexenclub von Bayonne
1998. Auf immer und ewig
2000: Il manoscritto de principe
2001: Lisa
2001: Diese Liebe (Cet amour-là)
2005: Akoibon
2005: Die Zeit die bleibt (Le Temps qui reste)
2005: Go West
2006: Sortie de clown
2006: Roméo et Juliette

2007: Chacun son cinéma ou Ce petit coup au coeur
quand la lumière s'éteint et que le film commence
(Segment Trois Minutes)
2007: Trennung (Désengagement)
2008: Plus tard, tu comprendras…
2008: Sous les vents de Neptune
2008. Everywhere at Once
2009: Visage
2009: La querre des fils de la lumière contre les fils
des ténèbres
2009: Leon und die magischen Worte
2012: Final cut – Hölyeim es uraim

Fernsehen
1968: Stunde der Wahrheit (Histoire immortelle)
1970: Le petit théâtre de Jean Renoir
1982: L'arbre
1983: L'intoxe
1983: Parade of Stars
1985: Vicious circle
1986: The Last Séance
1990: L'ami Gono: Ennemonde
1996: Katharina die Große (Catherine the Great),
Fernsehmehrteiler)
1999: Balzac – Ein Leben voller Leidenschaft
(Balzac), Fernsehmehrteiler

2000: Les Misérables – Gefangene des Schicksals
(Les misérables) (Fernsehmehrteiler)
2001: Zaïde, un petit air de vengeance
2003: Die schrecklichen Eltern
2006: La contessa di Castiglione
2008: Ein Schloss in Schweden (Château en Suède)
2011: Bouquet final
2011: La mauvaise rencontre

Quelle: Wikipedia und Internet Movie Database

Zitate von Jeanne Moreau

Adam – der erste Entwurf für Eva.

Alle Männer haben nur immer zwei Dinge im Sinn. Geld ist das andere.

Alternde Menschen sind wie Museen. Nicht auf die Fassade kommt es an, sondern auf die Schätze im Innern.

Alter schützt vor Liebe nicht, aber Liebe schützt bis zu einem gewissen Grad vor Alter.

Bedauernswert ist die Frau, die nichts zu bereuen hat.

Beim Liebesspiel ist es wie beim Autofahren. Die Frauen mögen die Umleitung, die Männer die Abkürzung.

Das Problem mit den Männern: Fast alle wünschen sich eine Jungfrau mit den Erfahrungen einer Messalina.

Die Leute, die sich darüber beschweren, dass sie nirgendwo mehr unerkannt hingehen können, sind dieselben, die sich bitter beklagen, wenn man sie eines Tages nicht mehr erkennt.

Die Männer haben oft Recht, aber die Frauen behalten
Recht – das ist viel wichtiger.

Die meisten Männer, die Kluges über die Frauen gesagt
haben, waren schlechte Liebhaber. Die großen Praktiker
reden nicht, sondern handeln.

Ein Gentleman ist ein Mann, in dessen Gesellschaft die
Frauen zu blühen beginnen.

Es ist besser, dem Traummann im Traum zu begegnen
als in der Wirklichkeit. Aus dem Traum kann man
immerhin aufwachen.

Falten machen einen Mann männlicher, eine Frau älter.

Frauen benutzen Parfüm, weil die Nase leichter zu
verführen ist als das Auge.

Frauen fürchten nicht das Alter. Sie fürchten nur die
Meinung der Männer über das Altern.

Freiheit ist nur ein Wort, niemand ist frei.

Für den Mann ist jede Frau ein Rätsel, das er bei der
nächsten zu lösen sucht.

Ich möchte gern auf den Mond. Dort soll es einen Mann
geben.

In der Liebe fühlt sich der Mann als Bogen, er ist aber nur der Pfeil.

Liebe wächst und blüht. Warum sollte sie nicht auch welken wie alles andere auf Erden.

Man kann mit der Mode gehen oder mit der Mode laufen. Letzteres sollte man aber nur dann, wenn man noch jung genug dazu ist.

Moral ist, was uns erlaubt, uns selbst treu zu sein.

Nostalgie ist für Leute, die ihre Neugier verloren haben.

Perfektion an einem Mann kann man bewundern, lieben kann man sie nicht.

Viele kleine Liebschaften sind fortschreitende Immunisierung gegen die große Liebe.

Wenn ein Mann der umworbenen Frau versichert, er sei ihrer nicht würdig, dann hat er meistens damit Recht.

Wenn Frauenverführer wüssten, wie oft sie selbst die Verführten sind, wären sie sehr kleinlaut.

Wer eine Frau beim Wort nimmt, ist ein Sadist.

Literatur

FEMBIO Frauen-Biographie-Forschung
http://www.fembio.org
HARENBERG LEXIKON DER SPRICHWÖRTER
& ZITATE, Dortmund 1997
HEINZLMEIER, Adolf / SCHULZ, Bernd /
WITTE, Karsten: Die Unsterblichen des Kinos, Band
2, Glanz und Mythos der Stars der 40er und 50er Jahre,
Frankfurt am Main 1980
INTERNET MOVIE DATABASE
(Film-Datenbank)
http://www.imdb.com
LUFT, Friedrich: Ein gallisches Mirakel. Jeanne Moreau
wird 60. Vexierspiele des ewig Weiblichen. Die Welt, 23.
Januar 1988, Bonn
PROBST, Ernst: Superfrauen 7 – Film und Theater,
Mainz-Kostheim 2001
PROBST, Ernst: Königinnen des Films, München 2012
PUBLIKUMSLIEBLINGE NICHT NUR VON
GESTERN http://www.steffi-line.de
Internetseite von Stephanie D'heil, Düsseldorf
WIKIPEDIA (Online-Lexikon)
http://wikipedia.org

WINNERT, Derek (Herausgeber): Jeanne Moreau. Aus: Kino. Die große Welt der Filme und Stars, S. 133, Niedernhausen 1995

Bildquellen

Klaus Benz, Fotograf, Mainz-Laubenheim: 48

Wild + Team Agentur – UNI Salzburg/CC-BY-SA3.0
http://www.peters-bilderwelt.ch/IMG_PRESSE/
Brief%20von%20Peter%20Handke.jpg
(via Wikimedia Commons), lizensiert unter
CreativeCommons-Lizenz by-sa-3.0-de
http://creativecommons.org/licenses/by-sa/3.0/
legalcode

Georges Biard/CC-BY-SA3.0: 1
(via Wikimedia Commons), lizensiert unter
CreativeCommons-Lizenz by-sa-3.0.de
http://creativecommons.org/licenses/by-sa/3.0/
legalcode

Nikolas Genin/ABACAPRESS.COM/CC-BY-SA2.0:
6, http://flickr.com/photos/22785954@N08
(via Wikimedia Commons), lizensiert unter
CreativeCommons-Lizenz by-sa-2.0.de
http://creativecommons.org/licenses/by-sa/2.0/
legalcode

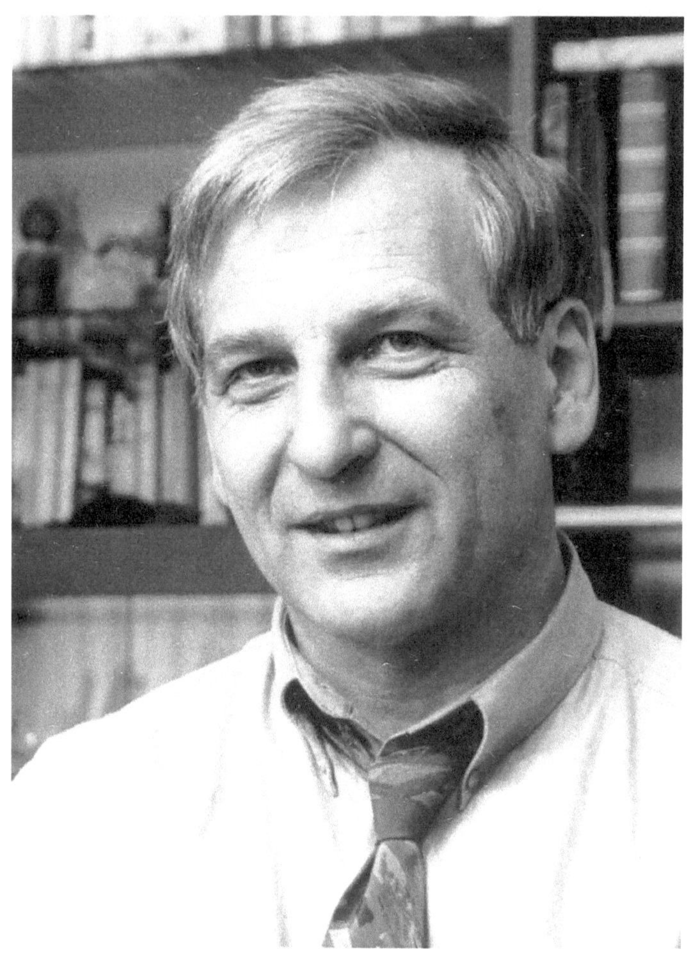

Autor Ernst Probst

Der Autor Ernst Probst

Ernst Probst, geboren am 20. Januar 1946 in Neunburg vorm Wald im bayerischen Regierungsbezirk Oberpfalz, ist Journalist und Wissenschaftsautor. Er arbeitete von 1968 bis 1971 als Redakteur bei den „Nürnberger Nachrichten", von 1971 bis 1973 in der Zentralredaktion des „Ring Nordbayerischer Tageszeitungen" in Bayreuth und von 1973 bis 2001 bei der „Allgemeinen Zeitung", Mainz. In seiner Freizeit schrieb er Artikel für die „Frankfurter Allgemeine Zeitung", „Süddeutsche Zeitung", „Die Welt", „Frankfurter Rundschau", „Neue Zürcher Zeitung", „Tages-Anzeiger", Zürich, „Salzburger Nachrichten", „Die Zeit", „Rheinischer Merkur", „Deutsches Allgemeines Sonntagsblatt", „bild der wissenschaft", „kosmos", „Deutsche Presse-Agentur" (dpa), „Associated Press" (AP) und den „Deutschen Forschungsdienst" (df). Aus seiner Feder stammen die Bücher „Deutschland in der Urzeit" (1986), „Deutschland in der Steinzeit" (1991) und „Deutschland in der Bronzezeit" (1996). Von 2001 bis 2006 betätigte sich Ernst Probst als Buchverleger sowie zeitweise als internationaler Fossilienhändler und Antiquitätenhändler. Insgesamt veröffentlichte er rund 200 Bücher, Taschenbücher, Broschüren und E-Books.

Bücher von Ernst Probst

(Auswahl)

Als Mainz noch nicht am Rhein lag

Annie Oakley
Die Meisterschützin des Wilden Westens

Archaeopteryx. Der Urvogel
aus Bayern

Christl-Marie Schultes. Die erste Fliegerin in Bayern
(zusammen mit Theo Lederer)

Cortés und Malinche. Der spanische Eroberer
und seine indianische Geliebte

Der Europäische Jaguar

Der Mosbacher Löwe
Die riesige Raubkatze aus Wiesbaden

Der Rhein-Elefant
Das Schreckenstier von Eppelsheim

Der Schwarze Peter
Ein Räuber im Hunsrück und Odenwald

Der Ur-Rhein
Rheinhessen vor zehn Millionen Jahren

Deutschland im Eiszeitalter

Deutschland in der Frühbronzezeit

Deutschland in der Mittelbronzezeit

Deutschland in der Spätbronzezeit

Die Aunjetitzer Kultur in Deutschland

Die Straubinger Kultur in Deutschland

Die Singener Gruppe

Die Arbon-Kultur in Deutschland

Die Ries-Gruppe und die Neckar-Gruppe

Die Adlerberg-Kultur

Der Sögel-Wohlde-Kreis

Die nordische Bronzezeit in Deutschland

Die Hügelgräber-Kultur in Deutschland

Die ältere Bronzezeit in Nordrhein-Westfalen

Die Bronzezeit in der Lüneburger Heide

Die Stader Gruppe

Die Oldenburg-emsländische Gruppe

Die Urnenfelder-Kultur in Deutschland

Die ältere Niederrheinische Grabhügel-Kultur

Die Unstrut-Gruppe

Die Helmsdorfer Gruppe

Die Saalemündungs-Gruppe

Die Lausitzer Kultur in Deutschland

Eiszeitliche Leoparden in Deutschland

Frauen im Weltall

Hildegard von Bingen. Die deutsche Prophetin

Höhlenlöwen. Raubkatzen
im Eiszeitalter

Julchen Blasius
Die Räuberbraut des Schinderhannes

Katharina II. die Große.
Die Deutsche auf dem Zarenthron

Johann Jakob Kaup
Der große Naturforscher aus Darmstadt

Königinnen der Lüfte in Deutschland

Königinnen der Lüfte in Europa

Königinnen der Lüfte in Amerika

Königinnen der Lüfte von A bis Z

Rund 70 Kurzbiografien berühmter Fliegerinnen,
Ballonfahrerinnen, Luftschifferinnen,
Fallschirmspringerinnen, Astronautinnen und
Kosmonautinnen

Königinnen des Films

Königinnen des Tanzes

Königinnen des Theaters

Malende Superfrauen

Meine Worte sind wie die Sterne

Die Entstehung der Rede des Häuptlings Seattle
(zusammen mit Sonja Probst)

Monstern auf der Spur
Wie die Sagen über Drachen, Riesen
und Einhörner entstanden

Neues vom Ur-Rhein
Interview mit dem Geologen und Paläontologen
Dr. Jens Sommer

Österreich in der Frühbronzezeit

Österreich in der Mittelbronzezeit

Österreich in der Spätbronzezeit

Pompadour und Dubarry. Die Mätressen
von Louis XV.

Raub-Dinosaurier von A bis Z.
Mit Zeichnungen von Dmitry Bogdanav
und Nobu Tamura

Rekorde der Urmenschen
Erfindungen, Kunst und Religion

Rekorde der Urzeit
Landschaften, Pflanzen und Tiere

Säbelzahnkatzen. Von Machairodus
bis zu Smilodon

Säbelzahntiger am Ur-Rhein. Machairodus
und Paramachairodus

Superfrauen aus dem Wilden Westen

Superfrauen 1 – Geschichte

Superfrauen 2 – Religion

Superfrauen 3 – Politik

Superfrauen 4 – Wirtschaft und Verkehr

Superfrauen 5 – Wissenschaft

Superfrauen 6 – Medizin

Superfrauen 7 – Film und Theater

Superfrauen 8 – Literatur

Superfrauen 9 – Malerei und Fotografie

Superfrauen 10 – Musik und Tanz

Superfrauen 11 – Feminismus und Familie

Superfrauen 12 – Sport

Superfrauen 13 – Mode und Kosmetik

Superfrauen 14 – Medien und Astrologie

Tony und Bruno Werntgen. Zwei Leben für die Luftfahrt
(zusammen mit Paul Wirtz)

Was ist ein Menhir?
Interview mit dem Mainzer Archäologen
Dr. Detert Zylmann

Weisheiten der Indianer

Wer ist der kleinste Dinosaurier?
Interviews mit dem Wissenschaftsautor Ernst Probst

Wer war der Stammvater der Insekten?
Interview mit dem Stuttgarter Biologen
und Paläontologen Dr. Günther Bechly

Zenobia von Palmyra.
Eine Frau kämpft gegen die Römer

Bestellungen bei: http://www.grin.com